Les fruits

Auteurs : Karin Maucotel, Masha-Publishing

Aquarelles © Irina Sarnavska - Lenivitz Production

L'abricot 6

Le cassis..................................8

La cerise 10

Le coing 12

La comice....................14

La figue 16

La fraise 18

La framboise............20

La groseille 22

Le kaki 24

Le kiwi..................26

Le melon 28

La mirabelle 30

La mûre 32

La nectarine 34

L'orange 36

La pastèque 38

La pêche 40

La pomme 42

La quetsche 44

Le raisin 46

La rhubarbe 48

L'abricot

Fruit d'été par excellence, l'abricot exige de la chaleur. Même s'il pousse au nord de la Loire, il sera plus vigoureux dans des régions sans humidité. Son ennemi ? Un sol argileux et lourd.

C'est un petit arbre au port arrondi, qui développe une belle floraison blanche au printemps. Sensible, il redoute les gelées tardives. Ses fleurs sont détruites à -2 °C. En région froide, adossez-le à un mur et protégez des vents dominants. Choisissez comme porte-greffe le prunier myrobolan qui tolère le mieux des conditions difficiles. L'abricotier pousse dans tous les sols, même calcaires. Il ne redoute que l'humidité, qu'elle vienne du ciel ou en rétention dans le sol. Offrez-lui un terrain très bien drainé.

Plantation

Plantez d'octobre à avril pour les sujets à racines nues. La fructification interviendra 2 à 3 ans après la plantation. Creusez un trou de 50 cm de profondeur et 80 cm de large. Faites un apport de fumier bien décomposé, au terreau de rebouchage. Pralinez les racines et placez un tuteur le long du tronc. Installez l'arbre avec le collet au niveau du sol. Tassez au pied la terre et arrosez. En été, paillez abondamment.

Maladies

La monilia et la gomme sont ses deux ennemis. La première est un champignon microscopique qui s'attaque aux fleurs. Les jeunes branches dessèchent. Traitez à la bouillie bordelaise en hiver et avant la floraison. Une décoction de prêle sera pulvérisée pendant la végétation. La gomme intervient suite à une taille. Mastiquez les plaies. Taillez le moins possible pour éviter les écoulements de gomme, surtout en forme libre.

famille	rosacées
nom latin	Prunus armeniaca
sol	même calcaire, bien drainé, léger
plantation	d'octobre à avril
maladies	monilia, gomme
récolte	du 15 juillet à août
porte-greffe	prunier Saint-Julien, myrobolan, abricotier franc
variétés	Bergeron, rouge de Roussillon, Polonais, Royal

Le cassis

Le cassissier a besoin d'un hiver marqué, des températures inférieures à 4 °C pendant deux à trois mois, pour bien fructifier.

Plantez le cassissier de novembre à mars, en lune descendante et croissante, jours fruit ou feuille. De culture facile, il se conduit comme un arbuste buissonnant.

Taille de formation

Après la plantation, en février, rabattez les branches à deux, trois ou quatre yeux pour favoriser le départ de nouveaux rameaux à partir de la base. Opérez en lune descendante, jours fruit. Dès que vous avez obtenu une quinzaine de branches, c'est gagné.

Taille d'entretien

Au bout de trois à quatre ans, taillez au ras du sol les branches les plus âgées pour renforcer les jeunes rameaux. Conservez toujours une quinzaine de branches en production. Supprimez le bois mort et équilibrez la ramure. Aérez le cœur. Taillez les extrémités des rejets. Opérez toujours en lune descendante, jours fruit.

Récolte

Récoltez les cassis de fin juin à mi-juillet en lune décroissante et montante, jours fruit.

Conseil

Le cassissier apprécie les apports réguliers en compost. Enfouissez-le à l'automne en griffant superficiellement le sol, ou intégrez-le au paillis qui, au printemps, empêchera les mauvaises herbes de proliférer à son pied.

famille	grossulariacées
taille	février
exposition	ensoleillée à mi-ombre
sol	frais, riche en humus, non calcaire
plantation	automne
récolte	juin-juillet

La cerise

Les cerises sont synonymes d'été et de chaleur. À observer leur couleur vive, on rêve déjà à se régaler de leur chair fraîche et juteuse. Un délice !

Jaune, rouge translucide ou noire juteuse, la cerise se décline sous des formes et des goûts multiples. C'est un fruitier facile à cultiver qui n'a aucune exigence de climat. Il s'adapte à tous les jardins avec une exception pour les terrains lourds et argileux. Protégez-le des vents dominants au nord de la Loire. Sa floraison tardive lui évite de souffrir des gelées du mois d'avril. Ses fleurs ne supportent pas les températures inférieures à -3 °C.

Plantation automnale

Choisissez un sujet à racines nues pour le planter à l'automne dans une période hors gel. Pralinez les racines avec un mélange de boue et d'eau, ou achetez un pralin tout prêt en jardinerie. Cette technique aidera votre arbre à avoir une bonne reprise. Creusez un trou de 80 cm de diamètre et placez votre sujet au centre en vérifiant que le tronc est bien droit. Ajoutez un tuteur, dont la taille ne dépasse pas celle du tronc. Fixez solidement les deux ensemble. Vérifiez l'attache une quinzaine de jours plus tard et resserrez au besoin le lien. Le cerisier ne demande pas de taille, supprimez les bois centraux afin de laisser le soleil pénétrer dans les branches et donner un joli port. La pollinisation est obligatoire pour obtenir des fruits. Vérifiez qu'un deuxième sujet compatible est planté dans un rayon de 25 m autour de votre jardin.

Soins

Le vol de la mouche de la cerise à lieu en juin pendant les fortes chaleurs. Les fruits piqués pourrissent de l'intérieur. Planter des variétés précoces évitera de subir leur attaque. Des pièges jaunes, qui les attirent, composés de glue peuvent être suspendus dans les branches. La gommose se caractérise par des écoulements de gomme par une blessure sur l'écorce. Nettoyez la plaie, à l'origine d'une piqûre d'insecte bien souvent, et pansez avec un cicatrisant. Quand les fruits deviennent mûrs, tendez un filet sur l'arbre pour empêcher les oiseaux de picorer. Une récolte intervient au bout de 3 ans et est conséquente quand le sujet a de 6 à 8 ans.

famille	rosacées
taille	automne pour supprimer bois mort et gourmands
exposition	ensoleillée
sol	neutre, argileux
plantation	automne hors gel
récolte	juin et juillet

Le coing

Oublié depuis quelques années, le coing reste l'un des fruits d'automne et d'hiver les plus parfumés. La beauté de son tronc est un atout dans un jardin d'agrément comme dans un petit verger.

La gelée de coing est utilisée en cuisine, par exemple pour garnir les fonds de tarte ou sucrer les yaourts, et la pâte de coing est une friandise au goût délicat.

Culture

Le cognassier est un arbre caduc originaire du pourtour méditerranéen. Il monte à 3 m de haut en formant un tronc sinueux. Attention, ce n'est pas le cognassier du Japon, arbuste d'ornement fleurissant rouge au printemps et produisant lui aussi des petits fruits, mais qui ne se mangent pas. Ce dernier n'est d'ailleurs pas de la même famille. La culture du véritable cognassier se fait dans un espace dégagé, en plein soleil, dans un sol profond, riche si possible, neutre et bien drainé. Il aime une terre fraîche en été mais redoute les excès d'humidité dans les sols qui s'engorgent. La sécheresse est aussi préjudiciable à sa fructification. Quand les branches sont âgées, il est utile de les soutenir avec un tuteur pour qu'elles ne cassent pas sous le poids des fruits.

Associations

Il n'est pas possible d'associer d'autres arbustes à ce fruitier prenant une certaine envergure. Mais comme il craint les vents violents, plantez-le dans un espace abrité par une haie par exemple.

Conseil

La récolte se poursuit en automne tant que les fruits restés sur l'arbre continuent de mûrir sans tomber à terre. Ils doivent être jaune doré. Vérifiez leur degré de maturité en prenant le fruit dans une main, le pédoncule de l'autre et en tournant légèrement. Le duvet qui recouvre le fruit disparaît quand on le frotte.

nom latin	Cydonia oblonga
type	arbuste fruitier
hauteur	3 m
floraison	mai
exposition	plein soleil
plantation	automne
sol	profond et frais
récolte	octobre-novembre

La comice

La Doyenné du comice, appelée simplement comice, est une variété de poire assez volumineuse à chair blanche, sucrée et parfumée.

Profitez d'un emplacement ensoleillé pour planter votre poirier. Préférez un sol profond et fertile, sans calcaire qui provoquerait de la chlorose. Opérez à l'automne et tout l'hiver, sauf en période de gel, pour planter votre sujet à racine nue. Pralinez les racines avant la mise en place. Tuteurez s'il s'agit d'un « plein-vent » et palissez les U et palmettes. Dès le printemps suivant, votre arbre se couvrira de ravissantes fleurs blanches.

Entretien

Arrosez en période sèche les deux premières années. Il vous faudra patienter encore un ou deux ans avant de déguster vos poires. Quand la récolte devient abondante, il est primordial de supprimer quelques fruits dès leur formation. Cet éclaircissage, en mai-juin, permettra d'obtenir des fruits plus gros et de meilleure qualité. Vos poires seront à maturité en novembre. Stockez-les au fruitier sans les taper ni les coller les uns aux autres. La queue devra être orientée vers le haut pour que vos poires conservent leur jus. Si, malgré toute votre attention, les feuilles de votre poirier se tachent de marron et se recroquevillent, c'est que la tavelure a gagné votre arbre. Pulvérisez alors une décoction de prêle en préventif dès le mois d'avril, à raison d'un traitement par semaine pendant trois semaines. Renouvelez l'opération tout l'été. À l'automne, après la chute des feuilles, pulvérisez de la bouillie bordelaise en respectant bien le dosage. Grattez la mousse qui pousse sur l'écorce, véritable nid à larves d'insectes et à champignons. Traitez au blanc horticole, puissant antiseptique.

Taille
Taillez, pour les palmettes, 1 cm au-dessus d'un œil, en équilibrant les branches charpentières. Ne pratiquez cette opération qu'avec un sécateur bien désinfecté, surtout si d'autres fruitiers sont malades.

famille	rosacées
taille	demi-tige, U, palmette
exposition	ensoleillée
sol	limoneux, profond et frais
plantation	de septembre à novembre, de février à avril
récolte	fin septembre

La figue

Douceur estivale par excellence, la figue est un fruit qui se déguste en fin de saison et se conserve peu. Plus à l'aise dans le Sud de la France, les figuiers trouvent leur place idéale dans le Nord.

Adepte de chaleur, le figuier peut s'adapter au nord de la Loire à condition de lui réserver un coin abrité et ensoleillé, le long d'un mur. Le risque étant de voir les fruits ne pas mûrir par manque de soleil. Protégez-le du gel en hiver, paillez le pied, enveloppez-le d'une toile protectrice en cas de grands froids. Buttez au pied si besoin pour protéger la souche. Le figuier se multiplie par marcottage, il repartira du pied.

Culture

Le figuier développe des fruits aux abords des aisselles des feuilles. Ces figues seront mûres à l'automne, dans les régions chaudes uniquement. Elles donneront naissance à d'autres figues, nommées figues-fleurs, dont la croissance sera stoppée par l'hiver. Il faudra emballer ces dernières dans les régions rigoureuses, elles deviendront les figues consommées au début de l'été suivant. Offrez-lui un sol léger et bien drainé. Dans un sol argileux ou sablonneux, faites un apport de fumure. Le figuier est long à s'installer, préférez des sujets en conteneurs d'au moins 3 ans d'âge. Plus vigoureux, ils iront chercher l'eau dont ils ont besoin avant de fructifier.

Taille

En avril, épointez les pousses émergentes des figues-fleurs. En mai, supprimez les pousses qui se sont développées suite à l'épointement. Après la récolte, taillez toutes les parties ayant fructifié. La taille est à réserver aux régions septentrionales.

variétés	nombre de récoltes	récoltes
Grise de Saint-Jean	2	juillet et septembre
Dauphine	2	fin juin, mi-août à mi-octobre
Col de dame blanc	1	fin septembre, dans le Sud
Blanche d'Argenteuil	2	juillet et septembre sauf Nord
Noire de Caromb	2	juillet, petites figues fin-août
Pastillère	1	début août
Violette de Solliès	1	de mi-août à fin octobre

La fraise

Cultivable de mai à septembre et ne demandant pas beaucoup d'entretien, elle rafraîchira petits et grands pendant l'été !

Vivace, facile à cultiver, rustique, le fraisier ne réclame aucun soin et régale les gourmands de mai jusqu'aux gelées avec les variétés remontantes, comme la Mara des bois.

Plantation

Pour avoir des fruits en été, plantez-les en godets dès septembre. Ils auront le temps de s'installer avant l'hiver. Vous pouvez planter des remontants au printemps mais la récolte sera moindre. Les non-remontants ne donneront que l'année suivante. Espacez les rangs de 30 à 40 cm. Plantez le collet à ras le sol et formez une petite cuvette. Pensez à arroser par temps sec et à pailler pour retenir l'humidité. Si la terre est argileuse et trop lourde ou calcaire, apportez de la tourbe en bêchant et en retournant le terrain avant plantation. Peu gracieux mais efficaces, des voiles noirs de protection sont étalés sur la terre et percés de trou pour accueillir les pieds. Une bonne couche de paille ou de paillette de lin, plus esthétique et écologique, garantira la reprise de vos fraisiers et les protégera de la sécheresse en été et du froid en hiver. Les fraises seront protégées des éclaboussures de terre.

Multiplication

Les fraisiers émettent des stolons (tiges rampantes) qu'il est nécessaire de supprimer à l'automne pour maintenir la production. Après trois ou quatre ans, les fraisiers s'épuisent, il faut les remplacer. Pour créer de nouveaux sujets, séparez les rejets des pieds-mère et repiquez-les. Choisissez un autre coin de votre potager pour une nouvelle fraiseraie. Ne replantez au même endroit que tous les 4 ans. Pour savourer pleinement ces petits fruits, orientez vos choix vers des variétés anciennes : la « Blanche Ananas » et « Madame Moutot » sont des fraisiers non-remontants, mais quel goût ! La « Gariguette » est la star du moment. La « Gento » offre un fruit très gros, rouge brique. Pour les gourmands, optez pour « Saint Antoine de Padoue » à la saveur douce et juteuse ou la « Sans rivale », acidulée et très sucrée.

famille	rosacées
taille	feuilles et stolons à 5 cm en novembre
exposition	ensoleillée
sol	frais, ameubli
plantation	septembre ou mars-avril
récolte	de mai à octobre

La framboise

Charnue, ferme et brillante, source de vitamine C, elle fera des ravages auprès de vos enfants tout l'été !

Souvent éloignées du potager, les framboises forment un carré à part avec les groseilliers et les cassissiers. Même si une terre fertile lui est favorable, le framboisier se plaît dans tous les types de terrains. Exposez-le au soleil ou à la mi-ombre. Le framboisier a un enracinement peu profond. N'hésitez pas à lui fournir des nutriments, phosphore et potasse. Évitez les sols argileux et trop compacts qui nuisent au développement de ses racines. Il existe deux types de framboisiers : les remontants, qui donnent deux récoltes par an, et les non-remontants qui produisent en juillet uniquement. Installez vos arbustes selon que vous les achetez à racines nues ou en conteneurs. Pour les racines nues, opérez de novembre à mars en incorporant une fumure à votre trou de plantation, tandis que les conteneurs peuvent être plantés toute l'année, mais avec une reprise plus difficile en cas de sécheresse.

Entretien

Le framboisier est un arbuste vigoureux qui a tendance à se

transformer en broussailles si l'entretien est négligé. Palissez-le en « V » ou en éventail pour faciliter le désherbage et la récolte et prenez garde au liseron qui peut envahir les framboisiers. Si le palissage n'est pas réalisable, maintenez les arbustes par des fils de fer, mais l'ensoleillement en sera réduit et la production moins goûteuse. Pour une bonne fructification, les cannes doivent être taillées. Les non-remontants seront taillés à ras du sol et les remontants seront taillés en hiver, plus légèrement afin de pouvoir profiter des fruits dès l'été suivant. Vous pouvez les tailler courts : la première récolte sera supprimée mais la deuxième sera alors plus abondante.

famille	rosacées
taille	août pour les non-remontants, hivernale pour les autres
exposition	ensoleillée, mi-ombre
sol	ordinaire, fertile à frais
plantation	de novembre à mars
récolte	juin-juillet, septembre

La groseille

Rouge ou blanche, la groseille est l'un des petits fruits préférés de l'été. Plus acidulée, la rouge s'utilise davantage que la blanche en cuisine.

Les deux variétés de groseille proviennent d'une même espèce qui forme de beaux arbustes bien touffus. Ces derniers se plantent un peu partout, autant en haie de séparation du potager que le long des allées et des murs au jardin d'ornement. Sur la terrasse et au balcon, le groseillier s'adapte aussi très bien quand il est planté en bac profond dans un endroit abrité des vents. La récolte, délicate, s'effectue à l'aide de ciseaux ou d'un petit sécateur pour couper les pédoncules et récupérer les grappes entières.

Culture

Apportez du compost chaque année au pied de l'arbuste pour enrichir le sol. Laissez pousser l'arbuste les premières années, puis sélectionnez 4 à 5 branches vigoureuses et coupez les autres à ras. En fin d'hiver, raccourcissez ces tiges de moitié, au-dessus d'un œil bien formé.

Taillez ensuite tous les 4 à 5 ans les tiges principales les plus anciennes pour les renouveler. En automne tous les ans, supprimez les tiges grêles ainsi que le bois mort et aérez le centre de la ramure en coupant les tiges les plus enchevêtrées. Arrosez régulièrement en été et quand le printemps est sec, et paillez autour pour conserver le sol frais, mais sans que le paillis ne touche les tiges. Arrosez en pluie le feuillage quand il fait très chaud, tôt le matin, afin d'éviter l'apparition d'araignées rouges.

Utilisation

La groseille se grappille au jardin et si vous en récoltez assez, elle agrémente les salades de fruits, tartes et desserts variés. Lavez rapidement les grappes avant de les poser sur les desserts ou sur des tartines sucrées-salées servies en apéritif dînatoire. Cuite, la groseille est idéale en gelée pour accompagner également les plats salés ou sucrés.

famille	grossulariacées
taille	les branches les plus âgées, à ras en février
silhouette	dressée et touffue
exposition	plein soleil
sol	profond et bien drainé
plantation	printemps ou automne
récolte	juin-juillet

Le kaki

Le kaki, ou plaqueminier, pouvant atteindre 15 m de haut pour certaines variétés, est un arbre qui demande un bel espace.

Ce sensible au grand froid supporte les régions nordiques, mais vous aurez plus de chances de voir mûrir ses fruits dans les régions méridionales, les arrière-saisons étant plus chaudes pour mener à bien la maturité. Cependant, la variété Virginia Meader résiste à -30 °C.

Plantation

Ce caduc affectionne les terres légèrement humifères d'un pH de 5,5 et 6,5, exemptes d'humidité, bien drainées. Installez-le dans votre jardin dans une terre fumée, à l'automne et en hiver, en période hors gel. Exposez-le en plein soleil et à l'abri des vents dominants. Plantez un tuteur d'une hauteur égale à celle du tronc pour le maintenir bien droit, d'autant qu'à cette saison de plantation, il sera couvert de fruits. Si besoin, soutenez les branches. Arrosez à la plantation, puis les deux premières années en période de sécheresse, abondamment. Amendez au printemps. Taillez à l'automne pour aérer le centre de l'arbre et permettre au soleil de pénétrer au cœur de l'arbre. Le mûrissement des fruits en sera aidé.

Récolte

La floraison a lieu de mai à juin, assez tardivement, ce qui le protège des gelées printanières. À l'automne, son feuillage coloré est gracieux dans votre jardin. Après la chute des feuilles, les fruits, semblables à des grosses tomates orangées, font un décor coloré au jardin. Il existe deux variétés de kakis, les astringents et les non-astringents. Une fois blets, ces derniers peuvent alors se croquer comme une pomme. Les fruits très astringents sont immangeables tant qu'ils ne sont pas arrivés à maturité. Les fruits sont alors très sucrés. Leur peau est fine et leur chair juteuse. Le Costata est devenu un classique. De type astringent, il est fertile et très productif. Il est excellent à complet blettissement, quand les graines sont devenues une pulpe mielleuse. À l'inverse, le Fuyu se croque ferme sans astringence, dès octobre et jusqu'aux gelées.

famille	ébénacées
taille	branches disgracieuses
exposition	ensoleillée
sol	bien drainé, légèrement acide
plantation	de novembre à mars
floraison	mai-juin

Le kiwi

C'est le fruit d'hiver en vogue grâce à sa forte teneur en vitamine C. Il contient aussi du calcium, du potassium, du fer et du phosphore. Un vrai cocktail de bienfaits pour rester en bonne santé.

Sa richesse en vitamine C est dix fois supérieure aux agrumes, et sa culture demande moins de soins que pour ces derniers. Adoptez le kiwi !

Culture

Il lui faut un support très solide, car cette liane à grosses feuilles et grappes de fruits serrés pèse lourd. Palissez-le sur un mur ensoleillé ou conduisez-le sur une pergola en bois. Arrosez quand il fait sec, la plante ne doit pas manquer d'eau pour bien fructifier. Paillez le sol si besoin pour conserver la fraîcheur plus longtemps après l'arrosage. Il a besoin de chaleur pour mûrir, mais il supporte aussi des températures froides jusqu'à -15 °C en hiver. En dehors des régions douces, protégez les jeunes pieds du gel les premières années. Comme les fruits apparaissent sur les pousses de l'année, raccourcissez les tiges secondaires à deux yeux en hiver. Le kiwi n'aime pas le calcaire, un sol à tendance acide ou neutre, profond et assez riche lui convient.

Associations

La grande vigueur de cette liane fruitière suffit à recouvrir un pan de mur ou une pergola en peu de temps. Vous pouvez tout de même associer des plantes vivaces plantées autour de son pied, à 50 cm au minimum de la motte. Parmi ces dernières, pensez aux hémérocalles qui fleurissent en continu de juin à septembre et aux crocosmias épanouis d'août à fin octobre.

Conseil

Pour obtenir des fruits à coup sûr, plantez un pied mâle pour un ou plusieurs pieds femelles (jusqu'à 5). Des variétés autofertiles ont aussi été mises sur le marché depuis peu. Inutile de surveiller les parasites et maladies, le kiwi ne les attire pas. La meilleure variété à conserver s'appelle Hayward, la plus précoce Abbott.

type	liane arbustive
hauteur	6 à 10 m
floraison	mai
exposition	plein soleil
plantation	automne ou printemps
sol	riche et frais
récolte	de septembre à novembre

Le melon

Exigeant en chaleur, le melon demande un peu d'attention pour réussir ailleurs que dans les régions du Sud. Offrez-lui un emplacement très ensoleillé.

Soyons réalistes : le melon est d'une culture difficile en dehors du Sud de la France. Cette plante annuelle est un rampant, au feuillage rugueux et découpé. De la chaleur, 15 °C minimum et un bon ensoleillement sont obligatoires pour obtenir un fruit sucré.

Culture

Réalisez les semis sous abri, avec une température entre 15 °C et 30 °C, en plaçant 3 graines par poquet. Éclaircissez après la levée, soit 4 à 6 jours, et ne gardez que le plus beau plant. Repiquez-le en godet et placez-le sous châssis. Taillez au-dessus des 2 feuilles à la base et étêtez. Le melon se cultive dans un sol frais. Enrichissez avec du fumier dans le labour d'automne. Dans les régions chaudes, semez en mai, en pleine terre, dans des trous remplis de fumier. Le melon est une plante gourmande. Abritez-le sous un tunnel en plastique, au moins jusqu'en juin. Quand les jeunes plants présentent 3 ou 4 feuilles, éliminez les 2 cotylédons et étêtez. Arrosez régulièrement pour maintenir un sol frais, mais sans toucher les feuilles. Paillez et protégez des attaques des limaces avec un cercle de cendre de bois.

Les 3 tailles

Sans ces 3 tailles, les fleurs femelles n'apparaissent pas... Et les fruits non plus, donc ! Après l'étêtage, le plant émet 2 pousses. Taillez ces dernières au-dessus de la cinquième feuille. Puis, 3 branches apparaissent à nouveau. Coupez celles-ci à 3 feuilles : c'est la troisième taille. Les fleurs se développent dessus et les melons grossissent ! On parle de « nouaison » pour la formation des fruits. Récoltez vos melons en été, quand une gerçure se crée autour du pédoncule. Le dessous du melon est plus mou sous la pression du doigt. Dès que la couleur du melon change, c'est qu'il est bon à cueillir !
Les variétés de melons se répartissent entre les Cantaloups, type Charentais, à chair orange, les brodés, à chair verte très sucrée, les melons jaunes et les pastèques. Les melons Santon sont une variété qui donne des fruits avec un simple pincement à deux feuilles !

famille	cucurbitacées
semis	à chaud (15°C minimum)
exposition	chaude, plein soleil
sol	frais et riche
récolte	de juillet à septembre.

La mirabelle

Petit fruit doré, spécialement répandu en Lorraine, la mirabelle est une variété de prune au goût très sucré.

D'une culture facile, ce prunier ne demande que peu de soin. Originaire de la Lorraine, la mirabelle est donc rustique ! Elle résiste aux températures hivernales rigoureuses et, loin de lui faire peur, les grands froids stimulent sa floraison.

Plantation

Plantez votre sujet en hiver en période hors gel. Choisissez un arbre à racines nues et pralinez les racines. Les mirabelliers n'existent qu'en tige ou demi-tige, réservez-leur donc un bel espace pour son développement. Offrez-lui un sol silico-calcaire et évitez les terrains argileux : le mirabellier préfère les terres légères et bien drainées. Plantez vos fruitiers en plein soleil, gage de fruits très sucrés. Ces petites prunes d'un jaune d'or piqueté de rouge, qu'elles soient de Metz ou de Nancy, se plaisent dans les climats continentaux. Seules les gelées tardives peuvent réduire, mais pas détruire, sa floraison qui est toujours très abondante. Contrairement aux autres pruniers, le mirabellier est autofertile. Inutile de lui proposer des compagnons, il se pollinise tout seul. Une belle reine-claude ne le laisse, cependant, pas indifférent !

Taille

Pour maintenir un beau port, taillez votre sujet à l'automne. Supprimez les bois morts et ceux du centre qui empêchent le soleil de rentrer au cœur de l'arbre.

Entretien

Bien que très résistants, les pruniers développent aussi des maladies. Vous reconnaîtrez facilement la tavelure (tâches brunes sur les feuilles), la moniliose des fleurs et des rameaux (poudre concentrique sur les fruits), le chancre bactérien (gomme sur les branches qui finissent par dépérir) ou encore les tâches de rouille sur les feuilles. Certains insectes, tels que les pucerons bruns, farineux ou noirs, peuvent aussi attaquer les feuilles. Pour combattre ces maladies ou ces insectes, badigeonnez au blanc horticole, traitez à la bouillie bordelaise au moment de la chute des feuilles ou placez des bandes de glue pour attraper les insectes.

famille	rosacées
taille	bois morts si besoin
exposition	toutes
sol	ordinaire, humidité normale, acidité neutre
plantation	automne
récolte	de mi-août à mi-septembre

La mûre

La mûre est riche en fibres alimentaires, magnésium et potassium et constitue une très bonne source de vitamine C, de vitamine K et de fer.

Fruits de septembre par excellence, les mûres ne sont plus les sauvages qu'elles étaient ! Aujourd'hui apprivoisées, elles envahissent nos jardins, car cette ronce a tendance à s'installer facilement.

Plantation

Palissez le mûrier sur un treillage en éventail (ceci facilitera la cueillette et évitera que les branches ne se transforment en broussailles au bout de quelques années). Laissez-lui accès à un arceau, il le recouvrira rapidement. Plantez votre mûrier dès l'automne, dans un sol bien drainé et ensoleillé. Préférez une terre riche en humus et légèrement acide et évitez les terres détrempées. Espacez vos pieds de 2 m si vous souhaitez créer une haie. Au moment de la plantation, recouvrez bien la motte de terre, de façon à enterrer le collet de 5 cm environ et arrosez copieusement. La ronce fleurira en mai et fructifiera dès la fin août. Les fruits apparaissent sur les rameaux de 2 ans.

Taille

Pour multiplier les pieds, sachez que la ronce se marcotte

naturellement dès qu'une tige touche le sol. Mais si vous souhaitez la limiter, arrachez les rejets. Ces derniers se couvrent d'épines même sur les variétés qui en sont dépourvues. L'hiver venu, taillez à ras du sol toutes les tiges ayant fructifié et n'en conservez que 5 ou 6 pour les fruits de l'année suivante. Au printemps, taillez les tiges secondaires à 10 cm de la principale et coupez les extrémités de cette dernière.

Entretien

Cette ronce très rustique supporte des températures de -25 °C et ne réclame aucun amendement particulier. Pour la cueillette, attendez que les fruits soient bien noirs et qu'ils perdent de leur acidité. Vous pourrez en faire des confitures et des tartes ou les consommer en salades. Les mûriers ont peu d'ennemis mais peuvent quand même être sensibles aux pucerons, au ver des framboises ou au botrytis (pourriture grise). Coupez les cannes atteintes et brûlez-les.

famille	rosacées
taille	à ras après la fructification
exposition	ensoleillée, mi-ombre dans le Sud
sol	bien drainé, humifère, légèrement acide
plantation	automne
floraison	d'octobre à avril, hors gel

La nectarine

Fruit originaire de Chine, couramment appelée pêche abricot, la nectarine a la peau lisse et brillante du brugnon et appartient comme lui à la même famille que la pêche, dont elle serait une mutation naturelle.

Fruit d'été par excellence, la nectarine, au même titre que le brugnon, fait partie de la famille des pêchers et se traite à l'identique. Un épiderme lisse et une chair adhérant peu ou pas au noyau, contrairement au brugnon, sont ses principales caractéristiques. La nectarine est une cousine de la pêche et non pas, comme la légende le prétend, issue d'un hybride de pêche et de prune. Son nom latin le confirme : *Prunus persica* (pêche) var. *nectarina* !

Culture

Ne plantez pas ce rustique dans des régions où la température descend à -20 °C. Son point faible reste sa floraison précoce, qui subit facilement les effets des gelées tardives. Si vous habitez une région froide, oubliez les sujets exposés au vent, et optez pour des formes en espalier, protégées le long d'un mur. Offrez une terre sans humidité excessive ainsi qu'une exposition ensoleillée, abritée des vents dominants. En fonction des formes, respectez une distance de 5 m pour les tiges et de 50 cm entre les charpentières, pour les formes palissées. Plantez votre sujet à l'automne et au printemps, pralinez et tuteurez comme pour un fruitier à tige.

Tailles et variétés

Les fruits arrivent à maturité en août. À la formation de ces derniers, éclaircissez en gardant un fruit tous les 15 cm sur les branches. Certains fruits tomberont tout seuls et ils ne seront que plus gros. En fin d'été, effectuez une taille au vert. Coupez les branches ayant fructifié, au-dessus du dernier fruit. Un bois qui a fructifié ne donnera plus rien, il faut donc le supprimer. Les fruits se forment sur les rameaux nés de l'année précédente. À l'automne, éliminez les bois morts au centre de l'arbre et coupez les branches enchevêtrées pour une meilleure pénétration de la lumière.
Les Nectared 4 ou 6 sont des arbres très vigoureux. Le 6 est même un des meilleurs. La chair de ses fruits est très sucrée. Nectarose offre une chair blanche. Morton et Crimson Gold sont des précoces de fin juillet, pour les gourmands pressés !

famille	récolte
nectared 4	première quinzaine d'août
nectared 6	fin août
morton	fin juillet
nectarose	seconde quinzaine d'août

L'orange

Semblable au citronnier dans sa culture, l'oranger ne se plaît que près de la Méditerranée.

Pour profiter de sa floraison délicate et de ses fruits juteux, vous aurez l'obligation dans les autres régions de le rentrer dans une orangerie dès octobre. Une serre froide à 6 ou 8 °C environ mais très lumineuse fera l'affaire. Ressortez-le dès que les gelées printanières ne sont plus à craindre.

Culture en pot

Utilisez de très grands bacs bien drainés. Placez au fond une couche de billes d'argile ou de gravier et réalisez un mélange de terreau (un tiers) et de terre franche (deux tiers). L'oranger n'apprécie pas une terre argileuse. Donnez un engrais « spécial agrume » avant la floraison, en juin au moment de l'éclaircissage des fruits et en septembre pour favoriser leur grossissement. Si votre oranger est placé sur une terrasse, veillez à ce qu'il ne subisse pas de courant d'air. Offrez-lui un coin lumineux, voire un mur qui absorbera de la chaleur.

Entretien

Ne laissez pas baigner le pot dans une soucoupe d'eau, les racines

s'asphyxieraient, les feuilles jauniraient et l'arbre dépérirait très vite. Arrosez abondamment au départ avec un engrais soluble, puis à chaque arrosage. Intervenez le soir en été pour ne pas griller le feuillage.
Pucerons noirs ou verts des agrumes seront éradiqués par des coccinelles. La cochenille rend indispensable un traitement de fin d'hiver à l'huile.

Variétés

Trois grandes familles d'oranges regroupent les Blondes, les Navels et les Sanguines. Dans cette dernière catégorie, la Maltaise est une des meilleures oranges à maturité fin janvier-février. La Naveline offre une maturité précoce en novembre. L'Orange des quatre saisons reste parfois accrochée à l'arbre toute l'année. La Thomson convient parfaitement au Sud de la France. La Valencia Late donne des fruits sans pépins à la peau fine et au jus acidulé.

famille	rutacées
taille	pincez les extrémités des rameaux en mars
exposition	ensoleillée
sol	drainé, non argileux
plantation	printemps ou fin d'été
floraison	printemps, après les gelées
récolte	de novembre à février, avril parfois

La pastèque

Idéale pour se rafraîchir en été, la pastèque, ou melon d'eau, exige de la chaleur. Soyons honnêtes, en dehors du Midi de la France, il sera difficile de la faire pousser, sauf canicule !

La pastèque entre dans la famille des cucurbitacées et, pour cela, elle exige de l'eau et une terre enrichie. Enfouissez du compost ou du fumier décomposé à l'automne dans sa parcelle. Semez en place en mars-avril, dans les régions chaudes uniquement. Faites des poquets à raison de 3 à 5 graines par trou. Espacez-le de 80 cm. La pastèque prend ses aises au potager ! Vous pouvez aussi semer sous serre chauffée dans d'autres régions, en godets de tourbe. Vous les repiquerez quand ils auront deux feuilles.

Pas de taille

Installez la pastèque en pleine terre quand les plants ont 4 feuilles. Contrairement aux autres fruits de la famille, la pastèque ne demande ni taille ni pincement. Voilà pourquoi sa culture est si simple. Paillez les pieds de cette coureuse, binez et arrosez sans toucher les feuilles. Vous récolterez les fruits en été dans le Sud, fin août et septembre ailleurs.

Variétés

Selon les variétés, vous avez des pastèques avec ou sans pépins. On parle alors de variétés seedless. Combinez au potager les deux types pour une bonne pollinisation et par la suite une bonne fructification. Vous trouverez des variétés hybrides, donnant des fruits de 2 kg environ, très précoces. Bonne nouvelle ! Ces pastèques arrivent à maturité, même dans le Nord. Ingrid est très sucrée, Sungold résiste aux maladies et donne des fruits de 1,5 kg à 2 kg.

famille	cucurbitacées
genre	annuelle
semis	mars-avril
plantation	mai
exposition	chaude et ensoleillée
arrosage	fréquent au pied
récolte	de juillet à septembre
maladies	oïdium, araignées, pucerons, mildiou

La pêche

La pêche, charnue, juteuse et sucrée, avec sa chair jaune, blanche, ou rouge, fait partie des délices de l'été.

Ce rustique supporte les températures allant jusqu'à -20 °C, mais a une floraison sensible aux gelées tardives. Précoces, ses fleurs sont anéanties à -3 °C. Protégez-les du vent et plantez des pêchers en espalier dans le Nord de la France. Offrez-lui un terrain exempt d'humidité. Laissez un espace de 5 m entre deux pêchers. Plantez le pêcher à l'automne pour un meilleur enracinement.

Taille

Les pêches se forment sur les bois de l'année précédente et le bois qui a déjà donné des fruits n'en produira plus. Il faut tailler à la fin de l'hiver le vieux bois stérile. Éclaircissez le nombre de fruits pour n'en garder que 2 à 3 par coursonnes (petits rameaux). Réalisez une taille « au vert » en été, c'est-à-dire quand l'arbre est couvert de feuilles. Juste après la récolte, supprimez la partie de la coursonne qui a fructifié. Effeuillez au début de la maturation, pour que les fruits profitent des rayons du soleil.

Entretien

L'apport de fumier décomposé est recommandé au printemps et l'arrosage sera surveillé en été. Le pêcher est un arbre sensible à de nombreux parasites et maladies. La cloque étant la principale. Pulvérisez un traitement spécifique à l'automne quand les feuilles sont tombées. Retirez les fruits momifiés et ramassez les feuilles malades. La bouillie bordelaise sera utilisée en préventif au printemps avant l'ouverture des bourgeons. N'intervenez pas un jour de pluie, l'effet serait amoindri. Les pucerons se régalent aussi. La tavelure tache les feuilles de brun. Les feuilles se nécrosent et les fruits tombent. La moniliose est un champignon qui hiverne dans les plaies des arbres. Des taches brunes apparaissent sur les fruits. Seule la prévention prévaut en supprimant les fruits momifiés.

famille	rosacées
taille	taille de fructification
exposition	sud-est ou sud-ouest
sol	frais, ameubli
plantation	automne, hors gel
récolte	juillet-août

La pomme

Sucrée et acidulée, la chair ferme et croquante, la pomme a tout pour plaire. L'arbre est vigoureux, résistant au froid et productif, mais avec une forte alternance. Il supporte mal les terrains secs.

Le pommier aime l'humidité ! Si vous voulez l'adopter, évitez les terrains secs dans lesquels il dépérit. De plus, le sol doit être argilo-siliceux, voire argilo-calcaire. Il nécessite une terre profonde.

Plantation

Choisissez un coin de jardin ensoleillé. Deux périodes y sont favorables, de septembre à novembre, puis de février à avril. En hiver, en dehors des périodes de gel, creusez, quinze jours à l'avance, un trou de trois à quatre fois le volume de la motte. Faites tremper cette dernière avant de l'installer. Pour les sujets à racines nues, badigeonnez d'un pralin prêt à l'emploi ou d'un mélange de boue très liquide, pour une meilleure reprise. Rebouchez avec un terreau « spécial plantation ». Tuteurez solidement pour un arbre tige, les cordons et palmettes ne sont pas nécessaires. Tassez au pied en réalisant une cuvette et arrosez abondamment.

Pour un petit jardin ou pour délimiter un potager, le cordon est idéal. Orientez-le nord-sud, pour une meilleure pénétration du soleil toute la journée et sur les deux côtés. Il constituera une

haie gourmande autour de vos légumes !
La forme palmette sera adossée contre un mur, et permet un gain de place. Le mur emmagasinera de la chaleur pour le fruitier.

Entretien et pollinisation

Le Belle de Boskoop rouge est un arbre rustique, résistant aux maladies. Un traitement préventif de l'oïdium peut-être utile. Très productif, il offre des fruits irréguliers de gros calibre, à la peau rugueuse rouge et mate. Pour obtenir une bonne pollinisation et donc une bonne production, il est primordial de planter à ses côtés des Golden Delicious, des Starking Delicious ou des Reines des reinettes. Une taille trigemme sera bénéfique à la production. Le but est de transformer les yeux à bois en boutons à fleurs. Taillez à trois yeux la première année, puis deux la deuxième en laissant un dard. Ce dernier, proche du tronc, deviendra un bouton à fleurs. Pensez à éclaircir à la formation des fruits.

famille	rosacées, Malus communis
plantation	automne, hiver, hors gel
pollinisation	Golden et Starking Delicious
terrain	humide, profond
récolte	octobre-novembre

La quetsche

De chair jaune doré granuleuse mais très sucrée, la quetsche se prépare en tartes succulentes, confitures et compotes variées. Récoltez-la bien mûre, mais avant que les oiseaux n'en fassent un festin.

Au jardin, prévoyez un espace bien ensoleillé pour que les fruits soient abondants et arrivent à mûrir. Plantez en terre riche et profonde, bien perméable mais qui ne s'assèche pas trop en été. Certaines variétés sont autofertiles, d'autres ont besoin d'une pollinisation croisée avec un autre prunier pour fructifier abondamment. Apportez un engrais organique en début de saison, au sol sur toute la surface à l'aplomb de la ramure. Taillez le bois mort avant la reprise de la végétation en fin d'hiver, ainsi que les branches qui se croisent, pour garder les plus vigoureuses. En hiver, épandez du purin de prêle pour traiter de façon préventive contre les maladies.

Associations

Évitez tout autre arbuste d'ornement à proximité pour pouvoir tourner autour et faciliter la récolte des fruits. Si vous avez la place, constituez un verger avec plusieurs espèces de pruniers qui seront plantés à 2,50 m au minimum les uns des autres. Autour des pieds, vous pouvez aussi semer des annuelles comme la nigelle, le coquelicot, le bleuet et le cosmos pour attirer les insectes pollinisateurs.

Conseil

Prenez les variétés traditionnelles comme la quetsche d'Alsace Altesse Simple de bonne vigueur et qui résiste aux grands froids. La quetsche italienne Altesse Double est de vigueur moyenne ne dépassant pas 4 m de haut. Partiellement autofertile, il est conseillé de la polliniser avec la précédente. La variété Stanley est autofertile, ce qui est intéressant pour les petits jardins où l'on ne peut avoir plusieurs pruniers.

nom latin	Prunus domestica
type	arbuste fruitier
hauteur	6 à 10 m
floraison	avril
exposition	plein soleil
plantation	automne
sol	profond et perméable
récolte	septembre-octobre

Le raisin

Le raisin est un des plus anciens fruits domestiqués par l'homme. La vigne peut s'adapter à tous les terrains mais elle a une préférence pour les sols légers et siliceux. Le soleil est son compagnon de route.

Profitez du raisin en automne, c'est la saison où le chasselas, le muscat et autres variétés poussant sur l'Hexagone mûrissent. Les grappes se conservent au frais mais pas plus d'une semaine, et si possible dans un cellier, moins froid que le réfrigérateur. La vigne se cultive dans les jardins très ensoleillés, sur des pergolas, arceaux ou palissée en cordons. Mais elle pousse aussi très facilement sur les terrasses bien exposées qui gardent la chaleur et abritées des vents glacés d'hiver. Vous pouvez aussi, dans les petits jardins et sur les grands balcons, la faire grimper sur de simples fils tendus sur les murs de façade orientés sud. Toutes les régions peuvent accueillir des vignes, mais comme la plante a besoin de températures chaudes en été pour mûrir, il vaut mieux cultiver le raisin en serre de jardin dans les régions du Nord. À moins d'être situé sur un coteau ensoleillé, comme en Alsace.

Culture

Pendant la saison de végétation, surveillez la plante en enlevant les faux bourgeons qui pointent à l'aisselle des feuilles. La première année de plantation, taillez la tige principale sous le troisième bourgeon bien formé. De nouvelles tiges repartiront, ce sont elles qui donneront des fruits car la vigne ne fructifie que sur le bois de l'année. La deuxième année, coupez au-dessus des cinq premiers bourgeons pour guider la vigne à la verticale, sur une pergola ou le long d'un arceau. Quand les grappes sont bien formées et commencent à mûrir, enlevez quelques feuilles tout autour pour leur permettre de rester bien exposées au soleil. Puis environ 15 jours avant la récolte, éliminez les grains les plus petits ou mal formés sur chaque grappe pour avoir de plus beaux fruits. Pour la cueillette, coupez le pédoncule avec la grappe, à l'aide d'un tout petit sécateur ou de ciseaux de jardin. L'automne est ensuite l'époque où l'on peut enrichir le sol pour que la vigne profite de nouveaux éléments nutritifs au printemps suivant. Apportez une couche de compost bien décomposé au pied, vous l'enfouirez par griffage du sol au printemps.

type	plante grimpante
hauteur	selon espèce
exposition	plein soleil
sol	léger et poreux
récolte	de fin août à octobre

La rhubarbe

Impossible à manger crue, ayant un goût acide, la rhubarbe ne se déguste que cuite, en tarte ou en compote. À vos fourneaux !

Cette vivace demande un peu d'espace au potager. Avec 1,50 m d'envergure, elle est rustique, résiste au gel et une fois en place nécessite peu d'entretien. Réservez-lui un endroit à la mi-ombre, le plein soleil lui est néfaste. Il est d'ailleurs difficile de faire pousser de la rhubarbe dans le Sud de la France. La terre doit être riche, un peu lourde, profonde et humide. Elle se plaît près d'un plan d'eau.
Semez en août ou septembre en godet et repiquez pour un hivernage sous châssis. La levée a lieu au bout de 15 à 20 jours. Installez les plants en terre de mars à mai. Arrosez copieusement au démarrage, puis en cas de sécheresse. Ne la noyez pas, car l'excès d'eau lui est néfaste. La plantation est effectuée dans des trous enrichis en compost. Pour conserver votre rhubarbe d'origine, pratiquez la division par touffe, plus fidèle que le semis de graines. La rhubarbe se divise très bien au printemps ou à l'automne. Effectuez ce geste tous les 3 ans. Apportez du compost par griffage au printemps pour cette gourmande.

Récolte

Cueillez les branches de rhubarbe au couteau de mai à juillet, parfois en août selon la saison. Seules les tiges se cuisinent et donnent des tartes ou compotes au goût acidulé. Les feuilles, très toxiques du fait de la présence d'acide oxalique, peuvent engendrer des problèmes rénaux aux sujets sensibles. Jetez les feuilles au compost qui apporteront de l'azote en quantité à votre tas. Utilisées en décoction, elles traitent les attaques de pucerons. Pour augmenter la production, coupez régulièrement les tiges les plus grosses, pour laisser les petites prendre de l'ampleur. En hiver, elle disparaît pour revenir en février. Protégez vos souches avec des feuilles mortes en cas de températures rigoureuses. Ne laissez pas les fleurs monter, supprimez les hampes et les feuilles jaunies pour garder de la vigueur à la plante. À part les limaces, les ravageurs délaissent cette plante, les maladies aussi.

famille	polygonacées
plantation	de mars à mai, octobre-novembre
sol	riche en fumure, humide
récolte	de mai à août
compagnes	toutes

EDITIONS **ESI**

Imprimé en Chine par LWC Lenne World Corporation Limited
© Éditions ESI - Dépôt légal : avril 2011 - Achevé d'imprimer : mars 2011
ISBN : 978-2-35355-484-3 N° Sofédis : S445057

Tous droits réservés pour tous pays.
« Toute représentation ou reproduction, intégrale ou partielle, faite sans le consentement de l'auteur, ou de ses ayants droit, ou ayants cause, est illicite » (article L.122-4 du code de la propriété intellectuelle). Cette représentation ou reproduction, par quelque procédé que ce soit, constituerait une contrefaçon sanctionnée par l'article L.335-2 du code de la propriété intellectuelle. Le code de la propriété intellectuelle n'autorise, aux termes de l'article L.122-5, que les copies ou les reproductions strictement réservées à l'usage privé du copiste et non destinées à une utilisation collective, d'une part, et, d'autre part, que les analyses et les courtes citations dans un but d'exemple et d'illustration.